Michael Moritz · Die Magie der Worte

Michael Moritz

Die Magie der Worte

Poesie und Rituale für Herz und Seele

Für Hellwig und Regina

Inhalt

Vorwort 9

Teil I

Poesie und Rituale 13
Empfehlungen beim Lesen der Poesie 14

Teil II

Die Texte 17

Teil III

Der Rahmen für Rituale 77
    Orte 77
    Zeitpunkt 78
    Gestaltung des Raumes 78
    Innere Einstimmung 79
    Ritueller Ablauf 79

Vorschläge für persönliche Rituale 81
    Das Morgenritual 81
    Das Abendritual 82
    Der Lieblingstext 82
    Der Spaziergang 82
    Die Spontanlesung 82
    Das Naturritual 83
    Der Meditationstext 83
    Der Reisetext 83

Vorschläge für Rituale zu zweit oder in einer Gruppe .. 85

In einer Liebesbeziehung 85
Sich über Texte austauschen 85
Texte verschenken 85
Texte in einer Gruppe lesen 86
Poetische Zauberstunden 86

Vorwort

Manchmal berühren uns Worte wirklich. Sie treten aus Texten hervor, finden ihren Weg zu unseren tiefsten Schichten und entfalten hier ihren Zauber. Ein Satz – losgeschickt wie ein Pfeil und im richtigen Moment angekommen – kann innerhalb von Sekunden alles auf den Kopf stellen oder ungeahnte Kräfte entfesseln.

Sprache ist mehr als nur die Weitergabe von Information. Sie ist Klang, Botschaft und Gefühl zugleich. Je offener und aufmerksamer wir ihr begegnen, umso größer ist die Chance, dass wir ihre Magie erfahren und sie unser Herz und unsere Seele erreicht. Öffnen wir also unsere Sinne für die Faszination einer besonderen Erfahrung. Das ist zwar eine Reise, deren Weg und Ziel wir nicht kennen. Aber jeder Satz kann ein neues Abenteuer sein und uns neue Aspekte unserer selbst eröffnen. Daher finden Sie in diesem Buch nicht nur Poesie, sondern auch Beschreibungen meiner eigenen Erfahrungen mit der »Magie der Worte«. Lassen Sie sich davon inspirieren und finden Sie heraus, wie kostbar Ihnen Poesie sein kann. Experimentieren Sie ohne Scheu. Entdecken Sie Ihren eigenen Zugang. Wenn Sie Anregungen wünschen, können Ihnen die im dritten Teil des Buches beschriebenen Leserituale wertvolle Hinweise geben. Sie können der Ausgangspunkt Ihrer eigenen Erfahrungen sein. Lassen Sie sich treiben – bis Worte in Ihnen auftauchen und bis vielleicht Ihre ganz persönliche Poesie entsteht.

Teil 1

Poesie und Rituale

Poesie ist eine der schönsten Formen mit Worten umzugehen. Denn im Spiel mit unseren Sehnsüchten und unserem Erleben bietet sie im individuellen sprachlichen Ausdruck ein Höchstmaß an freier Entfaltung an. Sie ist der Raum, in dem sich unsere Empfindungen, Bilder und Eindrücke auf eine ganz persönliche und manchmal sogar intime Art offenbaren. Sie ist ein einzigartiger Körper, der unser Wesen zum Schwingen bringt. Wie die Wellen eines Ozeans schwappt sie in uns hinein, um uns zu berühren – mal zart und leicht, mal stürmisch und schwer. In ihrer Melodie ist der Klang des Windes, der uns Sätze leise ins Ohr flüstert und der Geruch von Geheimnissen, der uns wie Spuren im Schnee ins Unbekannte führt.

In früheren Zeiten wurde Poesie auch als die Sprache der Herzen und Seelen bezeichnet. Denn keine andere literarische Form verleiht unserem Inneren auf solch magische Art Ausdruck. Poesie kann unsere grenzenlose Verbundenheit mit dem Leben in bildhaften, einfühlsamen Worten darstellen – eine Kraft und eine Schönheit, mit der wir uns immer wieder verbinden können. Wenn sie uns berührt wie eine Liebkosung oder uns rüttelt wie zwei mächtige Hände, dann spüren wir die Weite und bekommen eine Ahnung, dass das Leben mehr bereithält als nur unsere alltäglichen Aufgaben. Mit jedem Wort dehnen wir uns aus, wandern wie Wolken am Himmel und öffnen die Sinne für die Höhen und Tiefen unserer Lebendigkeit.

Wer sich auf Poesie einlässt, der findet Zugang zu seinen eigenen Schätzen – jenen Erlebnisräumen, die uns entzücken, aber auch beunruhigen können. Durch diese Macht der Worte werden unsere geheimsten Wünsche an die Oberfläche gespült. Die Poesie ist ein Echo unserer Leidenschaften und Sehnsüchte. Sie nimmt uns in Anspruch, und zwar voll und ganz. Sie fordert bedingungslose Hingabe und die Bereitschaft sich jeder noch so feinen Regung zu stellen. Sie ist ein Ritual, das unsere vollkom-

mene Aufmerksamkeit verlangt. Daher erweist es sich als vorteil-
haft, sich einen entsprechenden Rahmen zu kreieren, seine krea-
tiven Schwingungen zuzulassen und bewusst das poetische Ge-
schehen in den Mittelpunkt zu stellen. Hierzu sucht man einen
geeigneten besonderen Ort – geschmückt mit Dingen, die uns
auf diese Begegnung einstimmen – wählt eine Zeit ohne störende
Ablenkung: vielleicht im Licht eines Sonnenstrahls oder in der
Stille der Nacht, da, wo die »Magie der Worte« uns ohne Ablen-
kung wie die Süße der Verliebtheit entführen kann. Rituale sind
wichtig, denn sie setzen jene bewussten Anker, die unserem Le-
ben eine klare Ausrichtung verleihen. Sie schenken uns die ent-
sprechende Bewusstheit für den eigenen Wert. Indem wir Rituale
ernst nehmen, öffnen wir einen Spalt in uns für Sinn und neue
Erkenntnisse.

Empfehlungen beim Lesen der Poesie

Poesie ist ein eigenartiges Gebilde. Worte haben andere Bedeu-
tungen als gewöhnlich und Sätze klingen wie aus einer anderen
Welt. In diesem Kosmos ist alles möglich und je offener wir der
Poesie begegnen, desto vielfältiger sind unsere Erfahrungen. Da-
her empfiehlt es sich, die Texte mehrmals und am besten laut zu
lesen: langsam, aber nicht in Zeitlupe, denn auch die Melodie ist
Teil der Poesie. Lassen Sie die Worte gleiten und alles in sich be-
rühren. Stellen Sie sich vor, wie Sie mit einem Zauberstab durch
Ihr Innenleben reisen und alles zum Leben erwecken. Land-
schaften mit unglaublichen Pflanzen und wunderbaren Steinen,
die genau so atmen wie Sie. Erfahren Sie Poesie mit Ihrem gan-
zen Wesen.

Diese Empfehlungen können Ihnen übrigens beim Lesen jeder
Art von Poesie behilflich sein.

Teil II

Die Texte

Die poetischen Texte in diesem Buch sind wie farbige Melodien, die immer nach einem bestimmten gefühlsintensiven Erleben entstanden sind. Ohne Überlegungen sind sie aufgetaucht aus den Tiefen meines eigenen Seins. Ihre Qualität ist die einer großen Verbundenheit mit dem Leben und seinen zahlreichen Facetten. In ihnen schimmert das Gold unserer Sehnsüchte und Träume. Dazu gehören auch das augenscheinlich Unbedeutende, das Langsame, das kaum Sichtbare. In diesen Texten vermischen sich Tag und Nacht, Zartes und Leidenschaftliches, Chaos und Ordnung, Wasser und Stein, Stille und Unruhe, Himmel und Erde. Sie wandern wie Zugvögel aus der Enge unserer Gedanken in die Weite unserer Größe hinaus. Mit ihnen tauchen wir in die Leichtigkeit des Nicht-Haftens an den alltäglichen Dingen. Sie verleihen unserem eigenen inneren Reichtum Ausdruck.

Baden im großen Ozean
Umringt von fliegenden Fischen
Ohne Worte
Ohne Ziel
Dahin
Getragen vom Schlag der Engelflügel
Hinaus aus den Grenzen
Ewig
Ewig wie eine große Weisheit
Ein bedeutendes Geheimnis

Wärme ruht in sanfter Pose
Um sich zu verschenken
Ins Leben

Zu berühren
Das Licht eines Atemzuges
In jedem Augenblick

Zu versinken
In der Ruhe einer unendlichen Sekunde

Dein Bauch hebt sich
Wie eine Welle aus dem Wasser
Und deine Haut glänzt im Licht eines weiten Blicks

Süß strömt der Duft deiner Augen
Zu wandernden Liebkosungen und flüsternden Worten
Die jedes Herz erheitern

Rendezvous unserer Augen
In diesem Moment zwischen den Zeiten
An diesem Ort ohne Adresse

Ich habe deine schüchternen Blicke gespürt
Wie sie das Leben ergründen
Wie ein junger Vogel auf dem Weg
In die Weite des Südens

In meinem Körper wirbelt der Wind
Wie Augen, die hungrig ins Leben tauchen
Und Hände, die Seelen berühren

Meine Schritte erklettern den Atem in tausend Herzen
Und in meinen Ohren erklingen die Düfte rauschender Bäume

Der Hauch meiner Lippen küsst die Spinne
Ihr Elixier taucht meine Zunge
In den Geschmack von Lebendigkeit

Die Bäume sind meine Wurzeln
Und bei ihnen finde ich Halt und Beweglichkeit

Ihre Kronen sind in den Himmel gerichtet
Um mit dem Wind zu schwingen
Geschmeidig, harmonisch
Bewegung – damit –
Ohne Widerstand
Ohne Krümmung
Einfach sein
Mit der Natur

Deine warmen Augen segeln wie große weiße Schiffe
Durch das endlose Licht der Sonne

Mit ihnen kommen Leidenschaften
Voller glücklicher Luftblasen
Die von waghalsigen Märchen berichten

Über das Leben
Die Erfüllung
Die Begierde
Still und frei

Heilig

Spuren erlebt
Von diesem einzigen Gefühl

Unendlicher Himmel
Weit

Göttliche Berührung
Eins sein

Auf den Farben des Regenbogens
Wandert meine Seele ins Leben
Um mit einem Wimpernschlag
Dein Lächeln zu erobern
Aus der Mitte eines Tanzbeins

Du rufst und lockst
Wie Binnenschwärme zur Arbeit

Ohne Körper aus Fleisch und Blut
Getragen von der Liebe
Zum einzigen Ursprung
Der nie endet
Auch nicht am Horizont

Ich küsse deine Fantasien
Wie winterliche Lippen
Die unter die Haut kriechen
Auf der Suche nach Wärme
Und Geborgenheit
In meinem Frieden

Mein Blick bewegt sich langsam zu deinen Augen

Meine Hände verführen dich sanft und zart

Mein Kuss taucht dich für Momente
In einen Strom voller Hingabe und Leidenschaft

Wir verschmelzen in Zeitlupe

Unsere Körper entspannen und schlingen sich ineinander
Wie Schlangen bei ihrem göttlichen Liebestanz

Wir liegen wie Himmel und Erde nebeneinander
Mein Atem wärmt dein Herz
Es liegt offen vor mir wie ein ruhiger See
Unsere Augen spiegeln sich darin
Wie Mond und Sonne in der Abenddämmerung

Um zu tanzen

Ein Lied
Ein Duft

Ewig, endlos, immerzu
Wie Glück und Liebe vereint

Mein Herz ist das Universum
Fruchtbar wie das Leben
Explosionsartig zart
Für dich
Für mich
Für uns

Der Raum

Ich sehe keine Grenzen und fühle keine Hindernisse
Auf meiner Reise durch den Raum

Er verschwindet
Denn mein Atem fließt hinein und hinaus
Wie Zeit ohne Begrenzung
Bewegung
Immer überall, hier, dort
Wie ein Ball
Der aus der Mitte seines Kreises
Nie aufhört zu rollen
Auf keinem Boden dieser Welt
Einfach in alle Richtungen zugleich

Gerne hätte ich deine Seele berührt
Und deine Hand entführt
Wie eine leichte Brise voller Geflüster

Vielleicht hätten sich unsere Herzen
In der Sonne des Frühlings Sterne geschenkt
Und Geheimnisse verraten

Unsere Schritte hätten sich erforscht
Wie geschmeidige Katzen
Und nackte Spiegel

Getragen hätte ich deinen Schmerz
Bis er schmilzt in der Wärme meines Atems

Liebe, süßer Duft
So weich wie das Herz
Geborgen warm
Gebettet im Schoß
Der Mutter

Wie tausend Geigen
Dringt das Elixier in mein Gehör
In Trance
Hineingetaucht in eine eigenartige Welt
Real und irreal
Wie bunte Blätter
Die sich abwechseln
Auf der Schreibvorlage

Mein Atem fliegt sanft
Wie der Wind durch den Körper
Besucht Landschaften
Die sich ausbreiten
Wie ewiges Sehen
Ohne Nacht und Tag
Bis alles endet
In einem Kreis
Ohne Anfang und Ende

Ich vermisse die Farbe deiner Augen
Diesen Strom aus Feuer
Der erzählt vom Augenblick unserer Begegnung

Ich vermisse den Biss deiner Lippen
Diesen Kuss aus tausend und einer Nacht
Der erzählt von den Leidenschaften unserer Berührungen

Mit jedem Atemzug versinke ich tiefer in der Stille
Leise getragen von Leichtigkeit und feinen Sinnen
Die aufmerksam durch das Leben schlendern

Ein zarter Kuss für Dich
kaum erahnt
Wie ein Geheimnis ins Blut gelegt
In die Bahnen der Verführung
Schlange getanzt
Um deinen Duft
Am Körper hinauf
Bis zu deinen Lippen

Aus deinem Mund tönen die Klänge der Tiefe
Wie große Trommeln am göttlichen Tor

Sie wandern
Wie riesige Flöße durch die Bahnen meines Leibes
Und lassen mich beben
Wie mächtige Bäume unter dem Donner der Erde

Hier und jetzt

Sein

Wie die Luft und der Wind

Bis wir verschmelzen

Wie Tag und Nacht

Dein Blick bewegt meine Brust

Wie der Flügelschlag eine glückliche Träne

Wohlig

Geborgen

Sanft

Immerzu gefühlt
Hier in diesem Moment
In dieser Zeit
Am Ende dieser Strecke
Die ich gegangen bin
Um zu erfahren
Wie die Dinge wirklich sind

Mein Herz wandert in deinem Atem

Abenteuer beschwingt
Getanzt leicht
Mit einem Lächeln
Direkt in deine Augen
Voller Purpurrot

Nimm mich mit
Und lass uns reisen
In die Weite einer einzigen Empfindung

Auf dem Kopf eines Walfischs
Lauscht die Poesie
Der Musik uferloser Erinnerungen

Bewegen
Hin und her
Wie Träume voller Sehnsucht
Nach dem zerbrechlichsten Ton

Gott
Ich spüre deine göttliche Hand
Sanft auf meiner Wange
Mein Herz liegt offen
Wie ein Butterkelch voller Sterne

In deinen Augen sehe ich das Wasser der Wellen
Wie es mich wiegt und trägt
Zu den Abenteuern des Lebens

Aus der Tiefe der Sehnsucht
Erwacht die Liebe
Wie die Sonne am Horizont

Komm her, mein Herz
Dass ich dich wiege
In meinen Händen
Wie Samenkörner
Als Ursprung gesucht
Am Anfang des Lebens
Eines unendlichen Gedankens
Der sich ausbreitet
Wie Flügel eines Kondors
Über alle Berge hinweg
Bis zu den Sehnsüchten
Die nachts den Träumen entspringen

Deine Flügel schwingen durch meine Gedanken
Wie Mondwinde durch die Weite
Auf der Suche nach der verlorenen Küste

Erfüllung einer uralten Sehnsucht

Die Lebendigkeit sucht sich ihren Weg
Wie das Feuer eines Vulkans
Geschleudert, beschleunigt
Hinaus
Überall
Beseelt
Voller Lust und Freude
Ein Tanz
Wie ihn das Leben noch nicht gesehen hat

Mein Herz wächst
Wie ein Sonnenstrahl zur Erde
Unschuldig
Rein wie die Luft
Unberührte Wärme
Auf die das Leben gewartet hat

Komm mit mir zum Stein der Weisen
An jenen Ort, wo das Licht ewig brennt
Die Vögel nie aufhören
Mit ihren Flügeln den Wind zu durchqueren
Da, wo Erde und Himmel sich treffen
Wo der Weg das Zuhause ist
Komm mit mir und höre auf zu suchen
Ruhe dich aus
Hier am einzigen Ort
Wo alles miteinander verbunden ist

Auf deinen Lippen bewegt sich das Leben
Wie unerschöpfliche Buchstaben

Voll
Voller Fülle

Bis Bücher erzählen von Taten
Die dem Herzen entsprungen sind

Deine grünen Nachtaugen singen
Wie Seerosen auf dem Mond
Umringt von Sternen und fliegenden Herzen
Die deine Wangen berühren
Wie Lippen das Universum
Und Sehnsüchte die Haut

Ein Gedanke zieht vorbei
Ohne Anstrengung und ohne Hast
Als ob das Tempo sich verlangsamt

Ich folge ihm bis zum Bildrand
Um ihn dann in die Leere zu entlassen

Ich ruhe einen Augenblick
Und folge dem nächsten Gedanken
Ohne Anstrengung und ohne Hast
Um ihn mit einem Atemzug zu entlassen

Ein Gedanke zieht vorbei
Ohne Anstrengung und ohne Hast
Als ob das Tempo sich verlangsamt

Die Magie der Worte strömt in mein Gewebe
Wie glühende Lippen zum Herz
Um mich zu führen
Zu all jenen Orten
Wo die Seele erblüht

Die Lust am Leben
Sprüht Funken
Groß
Hinauf und hinab
Immerzu bunt
Mit Lachen und Scherz
Fallen
In die Arme der Mutter
Dieser Kugel Erde
Meine Heimat
Geborgen warm
Ich krieche in das Innere
Und schließe zart meine Augen
Für eine lange Reise

In meiner Brust
Schwärmt das Leben von seinen Entzückungen
Und in meinem Kopf tanzen Noten voller Musik
Die verführen
Das Verlangen
Hinaus zu gehen
Um zu den Sternen zu wandern

Unser Atem wandert
Wie tanzende Liebkosungen
Auf der Suche nach einem Moment der Hingabe

Aus jeder Berührung tropft ein Honigstrom
Zu den Wonnen unserer Herzen

Meine Hände schöpfen aus deinem Leben
Meine Lippen liebkosen Perlen von Entzückungen
Zusammen reiten wir auf Wellen
Getragen von Leichtigkeit
Bis wir purzeln im Spiel der Kinder
Und lachen vor Glück

Meeresrauschen in deinem Haar
Fliegende Pupillen in deinen Augen

In der Abenddämmerung schimmert deine Liebe

Wie das durstige Verlangen
Nach der Kraft des Glücks

Es ist nur eine Bewegung
Eine langsame Drehung der Hand
Ich strecke sie zu dir
Um dich zu empfangen
Warm und fließend

Hände ineinander gelegt
Netze voller Liebe
Unendlich verschmolzen in einer einzigen Berührung

Ich habe deine Zartheit ertastet
In den Fingern entdeckt
Verborgene Geheimnisse in den Kammern deiner Schüchternheit

Tragen
Getragen mit der Flöte der Sehnsucht
Hinaus ins Leben

Schön
wunderschön
Ein einziges Gefühl
So rund wie die Erde
Und leicht wie Schnee
Der vom Himmel fällt

Tief
Tiefer

Fühlen
Schauen

In den Brunnen der klingenden Gesänge

Melancholisch geschwärmt für leichte Töne
Wie sie fallen in mein Herz
Um mich zu entführen

Tief
Tiefer

Heute ist der Tag
An dem die Worte sprudeln

Wie Leben in meiner Seele
Zart, chaotisch und voller Liebe

Lange Arme ziehen mich in eine Poesie der Wärme
Wo jeder Gedanke sich wie Flügel von mir entfernt
Ich schlüpfe aus einem Kokon
Um als stiller Ozean zu ruhen

Das Tor zur Welt ist offen

In die Weite schweifen

Das Leben strömt hinein
In mir gibt es nichts zu tun
Nur geschehen lassen
Ohne Anstrengung und Angst
Die Augen erfüllt
Mit dem Reichtum des Seins

Ihr singt
Wie große Steine und nasse Erde

Stimmen
Satt und rund wie ein Bauch
Fest wie ein Fels

Mutter und Vater
So stark
Unerschütterlich standgehalten

Ein Liebeskuss in deine Hand gelegt
Verschenkt wie sanfte Kapriolen
Für dich

Ein Liebeskuss in deine Hand gelegt
Verschenkt wie sanfte Kapriolen
Für dich

Bewegter Körper
Wie endlose Freude
Und träumende Hände

Blicke schwappen wie Impulse
Durch den Raum
Und feiern Tänze mit großen Augen
Die voller Neugier im Leben baden

Nichts festhalten
Nichts bewahren
Einfach schwimmen
Wie ein Fisch im Ozean

Aus diesen Klängen perlen verzauberte Tränen
Wie Mondtropfen, die zur Erde wandern
Um mit meiner Seele zu tanzen
Im Rhythmus ziehender Staubkörner
Bis auch der letzte Punkt am Himmel verschwunden ist

Die leisen Schritte tragen dich hinaus
In die Weite der Gedankenlosigkeit
Ohne Mühe segelt dein Blick um die Erde
Als ob deine Augen sich wie Kreise drehen
Und nirgends haften bleiben
Außer im eigenen Herzen

Teil III

Der Rahmen für Rituale

Wie können wir uns Momente und Situationen kreieren, in denen wir für die »Magie der Worte« ganz besonders empfänglich sind, in denen wir ihr mit der vollkommenen Offenheit unseres Wesens begegnen, bereit, alles anzunehmen was in uns auftaucht? Durch die Gestaltung unseres äußeren wie inneren Rahmens können wir bewusst dazu beitragen, die Qualität des Aufnehmens und Erfahrens von Poesie zu verbessern – also in dem wir aus dem bloßen Lesen ein besonderes Ritual machen. Diese sollten wir entsprechend vorbereiten. Mit einer solchen zeremoniellen Handlung lässt sich das Lesen regelrecht zelebrieren. So geben wir der Poesie mit unserer ungeteilten Aufmerksamkeit einen besonderen Wert.

Für ein solches Ritual können viele Dinge von Bedeutung sein. Von Ort und Zeitpunkt des Lesens bis zur inneren Einstimmung und zum rituellen Ablauf lassen sich die unterschiedlichsten Kombinationen verschiedenster Elemente vorstellen. Daher hier einige Anregungen.

Orte

Suchen Sie sich einen Ort, an dem Sie sich wohl fühlen, der Sie inspiriert und Ihnen die notwendige Ruhe und Stille bietet – vielleicht draußen an Ihrem Lieblingsplatz. Besonders geeignet sind naturbelassene, unveränderte Stellen, die uns durch ihre Wucht oder Einmaligkeit ergreifen. Aber auch ein abgelegenes Zimmer, in das Sie sich gerne zurückziehen, kann sich dafür eignen. Manchmal lässt sich eine spontane Gelegenheit zum Lesen nutzen, beispielsweise schöne Orte im Urlaub, wo das Meeresrauschen oder der Wind Sie zum Lesen auffordern oder Berge mit ihren vielseitigen Ausblicken. Finden Sie heraus, wo Sie sich am meisten inspiriert fühlen. Denn an jedem Ort können andere Gefühle auftauchen.

Zeitpunkt

Auch der Zeitpunkt entscheidet über unsere Aufnahmebereitschaft. Zum Beispiel morgens, bevor Sie sich in die »Hektik« des Lebens stürzen. Oder am Abend, kurz vor dem Schlafengehen, wenn wirklich Stille und Ruhe eingekehrt sind.

Auch auf Reisen sind wir ganz besonders empfänglich für neue Eindrücke und Erfahrungen. Finden Sie heraus, welche Momente für Sie die richtigen sind. Die Zeitpunkte können sich allerdings im Lauf des Lebens verändern. Achten Sie außerdem darauf, dass Sie ausreichend Zeit einplanen.

Gestaltung des Raumes

Wenn Sie nicht in der Natur, sondern in Ihren eigenen vier Wänden Ihren persönlichen poetischen Bezugspunkt haben, können Sie diesen Raum ganz bewusst gestalten und so aktiv dazu beitragen, dass das Ambiente Ihr Wohlbefinden noch steigert. Nutzen Sie die verschiedensten Utensilien wie z. B. Düfte, Kerzen, Getränke und Speisen, um Ihre Umgebung aufzuwerten. Auch eine entsprechende Lichtinszenierung kann Ihre Aufnahmebereitschaft erhöhen. Öffnen Sie die Vorhänge und lassen Sie die Sonne herein. Stellen Sie Pflanzen und Blumen auf.

Fühlen Sie sich hingegen draußen in der Natur wohler, dann machen Sie – falls dort gestattet – ein Feuer oder zünden Sie eine Laterne an. Sie können auch Steine zu einem Kreis legen und sich zum Lesen in die Mitte dieses Kreises setzen. Sammeln Sie besondere Objekte wie Äste, Blätter, Muscheln, Fossilien, Erde u.a. und breiten Sie sie vor sich aus. Beziehen Sie die Objekte als Ritualgegenstände mit ein. Wählen Sie auch die Texte entsprechend der Wetterstimmung, ein romantischer Sonnenuntergang erzeugt andere innere Schwingungen als etwa ein aufziehender Sturm oder die gleißend-helle Mittagssonne.

Innere Einstimmung

Auf diese kommt es ganz besonders an, denn auch der schönste Rahmen nützt Ihnen nichts, wenn Sie für die »Magie der Worte« nicht offen sind. Daher sollten Sie sich für den Augenblick Ihres Rituals sehr bewusst entscheiden. Nutzen Sie besonders die Momente, in denen Sie sich wohl fühlen. Betrachten Sie die Sterne und den Mond am Himmel, beobachten Sie, wie die Wolken vorbeiziehen oder wie der Regen fällt. Stimmen Sie sich ein und gehen Sie bewusst aus Ihrem täglichen Stress heraus. Kreieren Sie einen magischen Moment, indem Sie sich konzentrieren und sammeln. Atmen Sie ein paar Mal tief ein und aus. Lenken Sie Ihr Bewusstsein auf die schönen Dinge dieser Welt. Vielleicht genießen Sie ein schönes Essen oder einen feinen Wein. Wenn Sie draußen in der Natur sind, dann verbinden Sie sich mit allem, was in Ihrer Umgebung ist: Bäume, Gräser oder Steine. Verweilen Sie einen Augenblick beim Duft von Kräutern oder Sträuchern. Werden Sie wach und öffnen Sie Ihre Sinne für das Gezwitscher der Vögel oder die Stimme des Windes. Gleiten Sie nach innen und werden Sie zu einem aufmerksamen Beobachter. Nehmen Sie Kontakt mit Ihrem inneren Kind auf und geben Sie ihm Raum für Leichtigkeit und Verspieltheit.

Ritueller Ablauf

Ihre Zeremonie sollte einen bewusst gesetzten Anfang und ein ebensolches Ende haben. Treten Sie ohne Ablenkung in die rituelle Handlung ein. Vielleicht überschreiten Sie dabei die Schwelle zu Ihrem Raum mit besonderen Schritten oder Sie sagen sich einen bestimmten Satz. Schenken Sie sich selbst diesen Moment der Aufmerksamkeit und denken Sie daran, dass Sie dieses Ritual für niemand anderen tun als für sich. Auch hilft der strukturierte Ablauf Ihres Rituals, die Besonderheit des Augenblicks in den

Alltag mit hinüber zu nehmen. Nehmen Sie sich z. B. nach dem Lesen Zeit, Bilder und Empfindungen aufzuschreiben, die in Ihnen aufgetaucht sind. Oder meditieren Sie über eine bestimmte Textpassage. Wenn Sie zu zweit sind, dann tauschen Sie sich über Ihre individuellen Erfahrungen aus. Seien Sie offen für neue Impulse. Lassen Sie Ihrer Fantasie bei der Gestaltung Ihres ganz persönlichen Rituals freien Lauf.

Vorschläge für persönliche Rituale

In diesem Abschnitt finden Sie Momente und Situationen, die sich für Leserituale ganz besonders eignen. Es sind Vorschläge, denen Sie folgen können oder die Sie vielleicht zu eigenen Ritualen inspirieren. Sie können diese alleine, zu zweit oder in einer Gruppe durchführen.

Das Morgenritual

Der Morgen ist ein wunderschöner Moment, denn Sie öffnen die Augen, schauen in die Welt, fühlen Ihren Körper und begegnen Ihren ersten Gefühlen dieses neuen Tages. Verweilen Sie noch etwas im Bett und stürzen Sie nicht gleich los, denn es ist ein guter Augenblick, um Poesie zu lesen. Jetzt ist Ihr Wesen besonders offen und aufnahmebereit. Verbinden Sie sich mit der Freude, der Leichtigkeit oder der Schönheit eines Textes und nehmen Sie diese Schwingung mit in Ihren Tag. Ankern Sie dieses Gefühl, in dem Sie sich ein Wort oder einen Satz merken. Wenn Sie sich diese im Laufe des Tages immer wieder in Erinnerung rufen, können Sie sich mit diesem Gefühl erneut verbinden.

Sie können den gleichen Text mehrere Tage hintereinander immer wieder lesen. Vielleicht stellen Sie fest, dass sich Ihre Aufmerksamkeit immer wieder anderen Worten oder Sätzen zuwendet. Beobachten Sie, welche Bilder und Gefühle dabei in Ihnen auftauchen. Schreiben Sie Ihre Erfahrungen auf oder führen Sie ein Tagebuch.

Wenn Sie die Möglichkeit haben nach draußen zu gehen, dann tun Sie es. Spüren Sie die Frische des beginnenden Tages.

Das Abendritual

Auch der Abend hat eine magische Qualität, denn es ist der Moment, in dem unser Leben wieder zur Ruhe kommt und Stille einkehrt. Besonders der Augenblick vor dem Schlafengehen ist zum Lesen von Poesie geeignet, denn Sie können jetzt noch etwas Schönes und Leichtes mit in Ihren Schlaf nehmen. Achten Sie darauf, ob Sie in dieser Nacht etwas träumen. Schreiben Sie auch das auf oder zeichnen Sie die entstandenen Bilder in Ihr Tagebuch.

Der Lieblingstext

Gefällt Ihnen ein Text besonders gut oder spüren Sie, dass ein bestimmter Text Sie mehr berührt als andere, dann lernen Sie ihn doch auswendig! Rezitieren Sie ihn immer dann, wenn Sie Energie benötigen oder sich vielleicht gerade mit einer besonders liebevollen oder leichten Schwingung verbinden möchten. Hängen Sie den Text an einen sichtbaren Platz in Ihrer Wohnung.

Der Spaziergang

Wenn Sie sich für einen Spaziergang entschließen, nehmen Sie ein passendes Buch mit. Sie wissen nie, welche Gefühle Ihnen begegnen. Vielleicht erleben Sie etwas Außergewöhnliches oder Sie sind für einen kurzen Augenblick ergriffen und suchen nach Worten, um diese Gefühle auszudrücken. Poesie kann Ihnen dabei helfen.

Die Spontanlesung

Sind Sie ein spontaner Mensch? Dann sollten Sie das Buch immer bei sich haben, denn in jedem Moment können Situationen entstehen, die sich zum Lesen der Poesie eignen, z. B. während einer Zugfahrt, beim Betrachten des Himmels, der Sonne, des Mondes oder einer Landschaft, nach dem Erhalt einer guten Nachricht oder wenn Sie verliebt sind.

Das Naturritual

Sind Sie gerne draußen oder fühlen Sie sich in der Natur besonders wohl? Dann suchen Sie sich einen Lieblingsort, vielleicht eine Sitzbank in einem Park, eine Waldlichtung oder einfach das Ufer eines Flusses und lesen Sie Poesie. Machen Sie daraus ein regelmäßig wiederkehrendes Ritual. Verbinden Sie die Kraft des Ortes mit der Schönheit der Texte.

Der Meditationstext

Wenn Sie Poesie zum Bestandteil Ihrer Meditation machen, werden Sie viele neue Dimensionen entdecken. Denn Poesie ist optimal geeignet, um darüber zu verweilen und sie zum Mittelpunkt einer Gedankenreise zu machen. Manchmal ist es nur ein Wort, ein Bild oder ein Klang, der uns inspiriert und bewegt. Die Mehrdeutigkeit von Poesie gibt uns den notwendigen Raum für unsere ganz persönlichen Erfahrungen. Das ist eine ihrer besonderen Qualitäten. Beobachten Sie, was in Ihnen auftaucht. Schreiben Sie Ihre Erlebnisse und Ihre Empfindungen auf.

Der Reisetext

Poesie ist ein guter Reisebegleiter, denn wenn wir unterwegs sind, begegnen wir den unterschiedlichsten Situationen und Gefühlen. Auf Reisen treffen wir auf das »Fremde« von außen, aber auch in uns selbst. Neue Gesichter, neue Düfte, neue Schwingungen – ständig sind wir anderen Reizen ausgesetzt. Das bringt unser Wesen in Höchstform. Unsere Sinne sind wach und unsere Aufnahmebereitschaft ist größer als sonst. In diesen Momenten sind wir für Poesie besonders empfänglich.

Vorschläge für Rituale zu zweit oder in einer Gruppe

In einer Liebesbeziehung

Sind Sie frisch verliebt und die Leichtigkeit des Glücks begleitet Sie auf Schritt und Tritt, dann teilen Sie Ihre Empfindungen mit Ihrer oder Ihrem Liebsten. Lesen Sie Poesie gemeinsam und lassen Sie sich entführen, wohin die Worte Sie auch tragen. Spüren Sie, wie Poesie Ihre Herzen verbindet und Sie in Ihrem gemeinsamen Erleben beflügelt.

Sich über Texte austauschen

Wenn bestimmte Texte Sie besonders ansprechen und berühren, dann schicken Sie diese Ihren Freunden oder Ihrem Partner. Damit zeigen Sie etwas von sich. Wenn Ihr Partner einverstanden ist, sprechen Sie über Passagen, die Sie beide bewegen oder inspirieren. Poesie kann Ihnen viele Einblicke in das Seelenleben Ihres Partners geben, denn hier geht es um Sehnsüchte, Träume, Aggressionen, Freude, Liebe und noch vieles mehr. Ein solches Ritual kann zwischen Ihnen beiden eine sehr intensive Nähe erzeugen: In einem solchen Austausch geht es um Ihr tiefstes Inneres.

Texte verschenken

Wollen Sie einem anderen Menschen etwas mitteilen – vielleicht dass Sie ihn mögen, Sie ihm dankbar sind oder ihn einfach nur an Ihren Empfindungen teilhaben lassen wollen –, dann schenken Sie ihm einen Text. Suchen Sie nach Poesie, die Ihrem Wesen und Ihrer beabsichtigten Aussage am besten entspricht. Die persönlichsten Texte sind die schönsten Geschenke!

Texte in einer Gruppe lesen

Texte gemeinsam in einer Gruppe zu lesen, kann eine große magische Kraft haben. Poesie stimmt uns ein, lenkt die Aufmerksamkeit nach innen und spricht unser Herz oder unsere Seele an. Dies kann insbesondere am Anfang oder Ende eines Workshops wichtig sein. Das Gleiche gilt für den Moment vor und nach einer Meditation. Die gemeinsame Ausrichtung auf poetische Bilder hilft der Gruppe sich schneller energetisch zu finden. Eine ähnliche Wirkung kann beispielsweise auch im Schulunterricht, auf einem Kreativseminar oder bei Ihnen zu Hause erzeugt werden.

Poetische Zauberstunden

Sie können aber auch Poesie inszenieren, beispielsweise in Verbindung mit Musik, Licht, Theater oder Multimedia. Poetische Zauberstunden verführen und entführen die Hörer und Zuschauer zu besonderen Erlebnissen. Momente, die prägen und bereichern. Laden Sie Freunde und Bekannte zu sich nach Hause ein und gestalten Sie Ihren ganz persönlichen Leseabend. Vielleicht möchten diese mit eigenen Texten zum Gelingen einer Zauberstunde beitragen.

Michael Moritz

Geboren 1959. Aufgewachsen in der Französischen Schweiz und in Frankreich, lebt und arbeitet er heute in Frankfurt am Main. Er inszeniert regelmäßig Lesungen. Unter der Bezeichnung »Poetische Zauberstunden« entführt er seine Hörer in poetische und musikalische Erlebniswelten.

Informationen und Kontakt: m.moritz@t-online.de